À Paris habite un s'appelle Marc.

Marc a dix ans.

J'ai un lapin.

Il est grand.
Il s'appelle Daniel.
Il est gris.

J'ai un serpent.

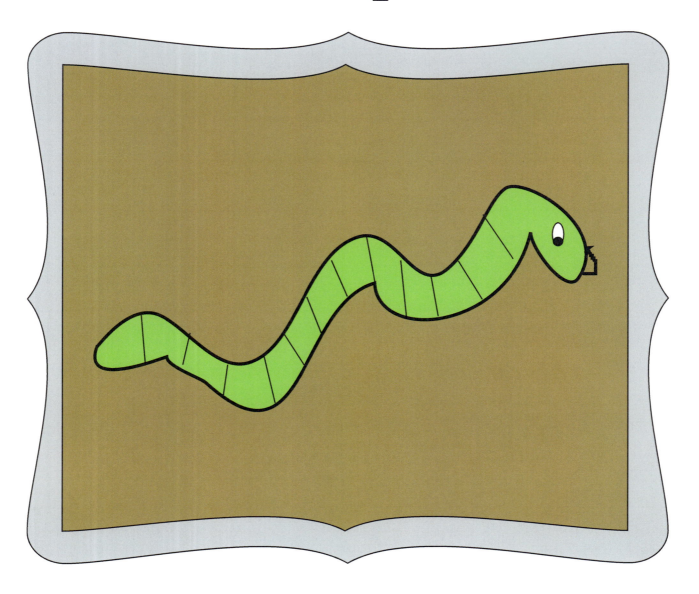

Il est grand.
Il s'appelle Basile.
Il est vert.

J'ai un chat.

Il est petit.
Il s'appelle Coco.
Il est blanc.

J'ai un poisson.

Il est petit.
Il s'appelle Nemo.
Il est orange.

J'ai un chien.

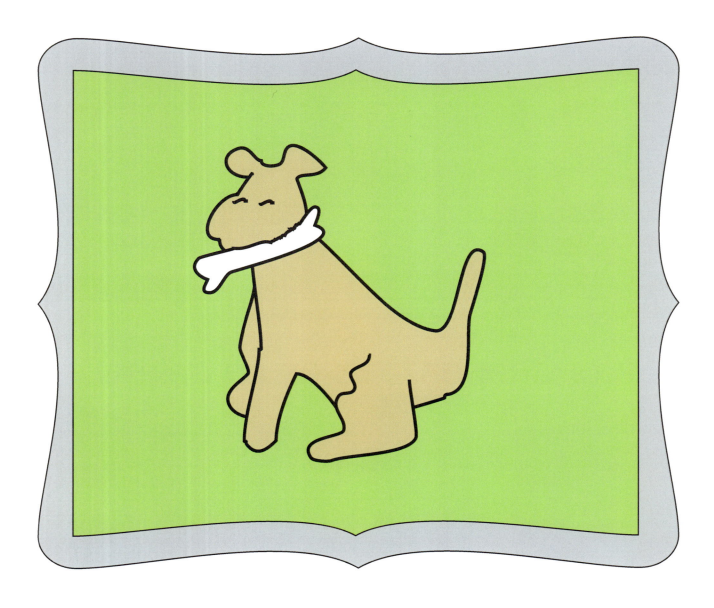

Il est grand.
Il s'appelle Igor.
Il est marron.

Un jour Marc trouve une pièce de monnaie.

Marc fait un voeu.

J'aimerais avoir un animal.
Un animal, s'il vous plaît !

Marc rentre à la maison.

J'ai un cheval!

Il est grand.
Il s'appelle Vincent.
Il est marron.

Maintenant Marc a un animal.